과학도감학습만화시리즈 11

최강왕 배틀

검둥수리 vs 독수리

글 레드코드, 리세
그림 블랙 잉크 팀
감수 동물학자 이마이즈미 타다아키

등장인물

다윈 박사가 모은 X벤처 조사대. 박사의 명령이 떨어지면 세계 각지로 날아가 다양한 동물에 대해 조사한다. 때로는 위험한 임무도 있다.

쉐리
친구가 다치면 바로 치료해 주는 마음씨 착한 소녀. 하지만 화가 나면 강력한 펀치가! 수의사가 되기 위해 공부 중이다.

제이크
조사대의 리더로 루이스와 의견이 맞지 않아 대립한다. 장난스러운 면이 있지만, 동물을 사랑하는 마음만은 누구보다 강하다.

타잔
오랑우탄의 손에서 자라 동물과 대화할 수 있다. 엄청난 식탐을 가지고 있어서 조사 도중 일어난 슬픈 일을 극복하기 위해 오늘도 먹는다.

애널라이저
다윈 박사가 발명한 조사용 도구. 통신 기능과 카메라 기능뿐만 아니라 자연과 동물의 상태를 기록하거나 분석할 수 있다.

미스터 로이빌
루이스의 아빠로 세계적인 부자 재단, FWW의 보스이다. 목적을 달성하기 위해서라면 수단을 가리지 않지만, 무엇보다 아들의 행복을 바라고 있다.

브론저
[상어 vs 황새치]의 후크 선장과 [사마귀 vs 전갈]의 알젠토의 형.

루이스

제이크와 대립하다 결국 조사대를 그만뒀다. 다윈 박사의 제자였던 찰스 박사와 함께 동물 왕국을 만들려고 한다.

빈

몸집은 작지만 지식은 박사 수준. 늘 자신을 지켜 주는 루이스를 따라 조사대를 그만둔다.

틸다

찰스 박사가 귀여워하는 코알라.

찰스 박사

동물을 구하려면 마인드 컨트롤이 필요하다고 믿는 과학자. 다윈 박사의 옛 제자.

유나

찰스 박사의 조수. 루이스를 짝사랑 중.

다윈 박사

생물학과 동물학으로 유명한 박사. X벤처 조사대에 임무를 맡긴다. 열심히 단련한 체력이 자랑거리이며, 아이들이 위기에 빠지면 나타나 악당을 물리쳐 주는, 든든한 지도자.

스미스

다윈 박사의 비서로 조사 활동을 서포트 한다. 박사가 툭하면 가운을 갈기갈기 찢는 바람에 골치를 썩고 있다.

차례

1장 아빠가 악당?! ··· 005
2장 팀에 합류하다! ··· 025
3장 기지에서 생긴 일 ··· 043
4장 기지를 향해! ·· 061
5장 무서운 코알라 ·· 079
6장 누가 적이고, 누가 친구일까? ································ 097
7장 새들의 대결 ··· 115
8장 돌아온 찰스 박사 ··· 133

※만화의 구성상 동물의 크기는 실제와 다를 수 있습니다.

1장
아빠가 악당?!

차에 타라.

저렇게 동물을 컨트롤할 수 있어.

정말 굉장하구나! 당장 팔자!

안 돼! 이건 동물을 지키기 위한 도구야.

수리목

수리목이란?

날카로운 발톱과 부리를 사용해 먹잇감을 잡는 새를 맹금류라고 부르는데, 대부분이 수리목으로 분류된다. 크기나 날개 모양은 서식지에 따라 다르다. 콘도르과, 물수릿과, 수릿과 등으로 나뉘며 수릿과에 속한 새는 남극 대륙을 제외한 전 세계의 대륙과 섬에서 관찰할 수 있다. 곤충이나 몸집이 작은 포유류, 파충류, 어류, 조류 등을 주로 먹으며 죽은 동물이나 과일을 먹는 종도 있다. 수릿과에 속한 독수리는 맹금류 중에서도 콘도르에 이어 두 번째로 크다. 유라시아 대륙과 아프리카 대륙에 60종, 남북 아메리카 대륙에 11종, 오스트레일리아에 3종이 서식하고 있다. 먹이사슬의 상위권에 속하는 포식자이다.

독수리의 몸(흰머리수리)

눈
뛰어난 시력으로 멀리 있는 먹잇감도 쉽게 찾을 수 있다.

날개
큰 날개를 펼쳐 민첩하게 움직일 수 있다.

부리
갈고리 모양으로 굽어 있으며 힘이 세다.

발
네 개의 발톱을 지니고 있으며 날카로운 갈고리 모양이다. 먹잇감을 잡는 데 사용한다.

독수리가 발로 움켜쥐는 힘(악력)은 인간의 손보다 몇 배나 강하다. 악력과 바람의 힘을 이용해 자신보다 무거운 먹잇감도 잘 사냥할 수 있다.

수리목

수리목의 새는 어떻게 하늘을 날까?
날갯짓을 하지 않고 위로 올라가는 공기의 흐름인 '상승 기류'를 타고 하늘을 높이 난다.

사냥 방법
종에 따라 사냥하는 방법이 다양하지만, 하늘 높이 빙글빙글 돌면서 주변을 살피다 먹잇감을 발견하면 곧장 날아가 날카로운 엄지발가락을 사용해 숨통을 끊는다. 그리고 갈고리처럼 생긴 부리를 이용하여 먹이를 뜯어 먹는다.
독수리나 콘도르는 무리 지어 다니다가 기회를 노려 다른 동물이 잡은 먹잇감을 단숨에 빼앗는다. 먹이를 다 먹고 난 뒤에는 뿔뿔이 흩어진다.

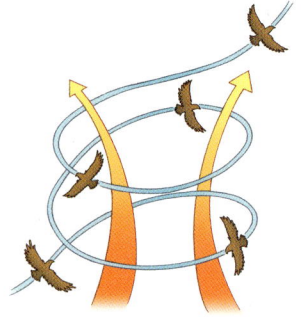

◀ 바람을 이용해 상승하는 힘을 얻고 체력을 유지하며 하늘을 날아오른다. 원을 그리듯 날면서 먹잇감을 찾는다.

새의 눈
수리목 등 하늘의 사냥꾼인 맹금류의 시력은 인간보다 4~8배나 좋다. 세밀한 것은 잘 보지 못하지만 먹잇감의 움직임을 예민하게 알아챈다.

인간 vs 새

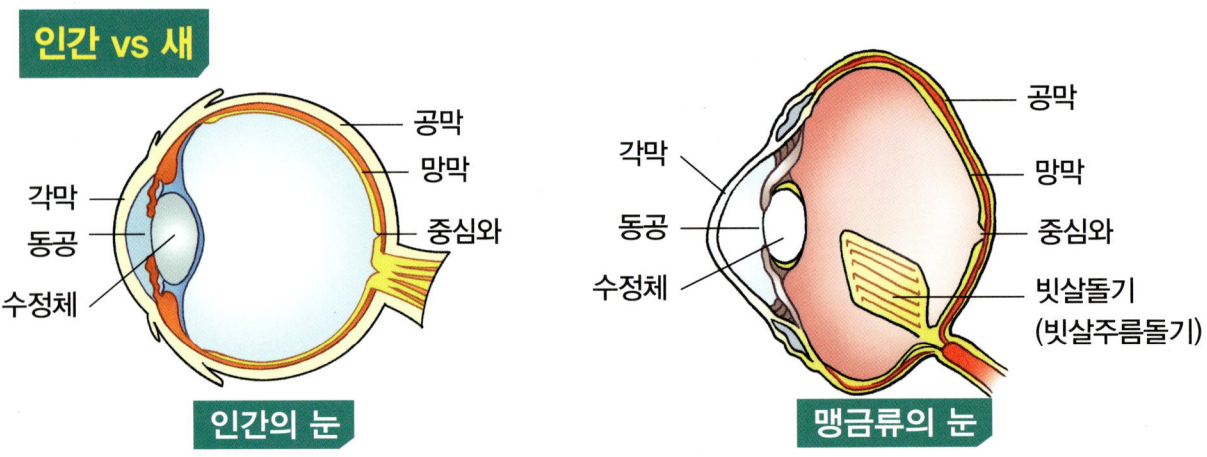

인간의 눈		맹금류의 눈
각막에서 중심와까지 23mm.	초점거리	각막에서 중심와까지 35mm.
약간 패어 있다.	중심와	인간보다 더 패어 있다.
없다.	빗살돌기 (빗살주름돌기)	혈관을 통해 망막에 영양분과 산소를 운반한다.
다른 동물과 비슷하다.	동공의 크기	다른 동물보다 커서 빛을 많이 흡수할 수 있다.

수리목

독수리와 콘도르
독수리와 콘도르는 모두 수리목에 속하는 대형 새이지만, 속해 있는 과가 다르다. 둘 다 살아 있는 먹잇감보다는 죽은 동물이나 갓 태어난 동물 등을 먹는다. 떼를 지어 먹잇감을 먹는 모습이 위압적이다.

독수리와 콘도르의 차이

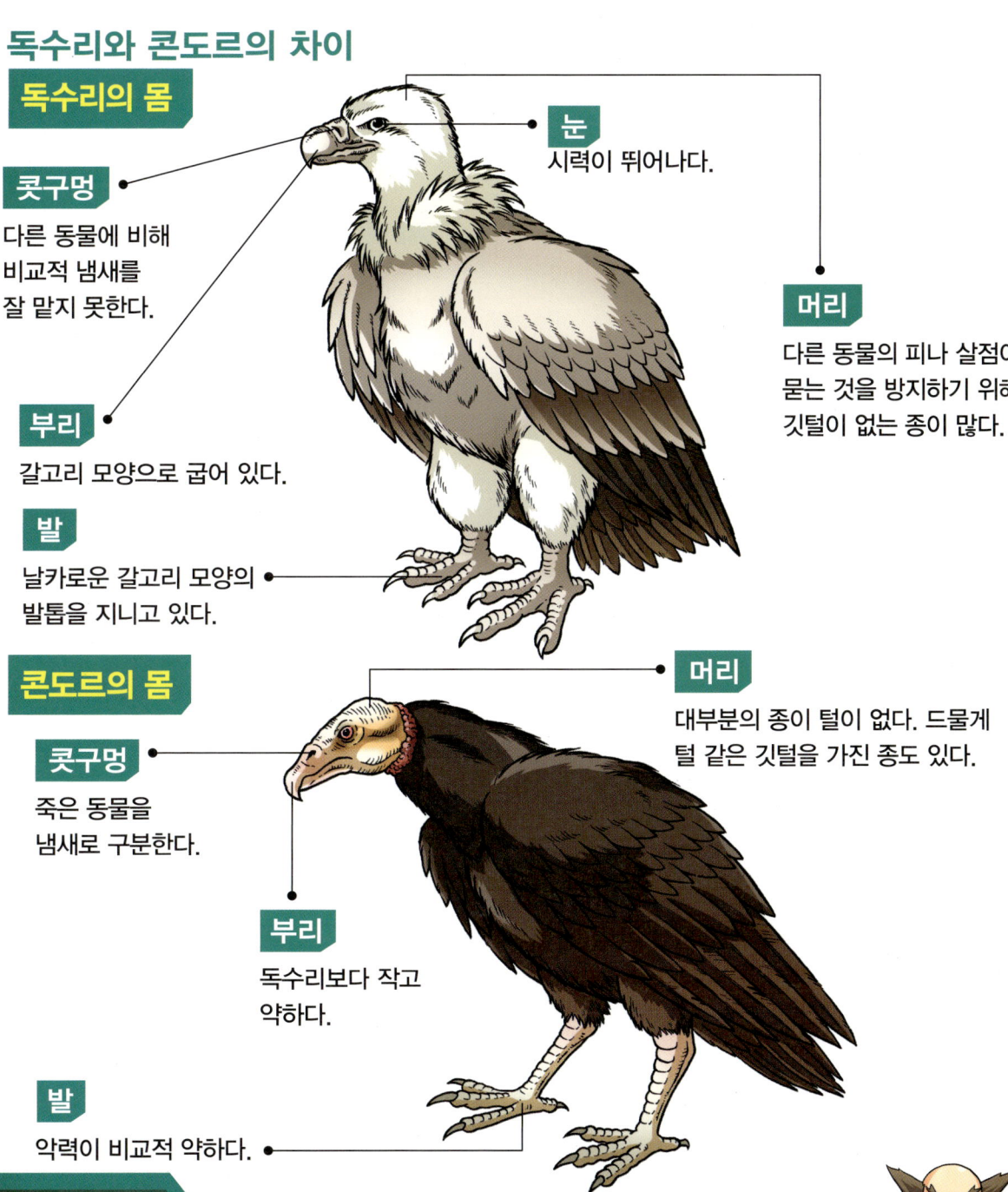

독수리의 몸

- **눈**: 시력이 뛰어나다.
- **콧구멍**: 다른 동물에 비해 비교적 냄새를 잘 맡지 못한다.
- **머리**: 다른 동물의 피나 살점이 묻는 것을 방지하기 위해 깃털이 없는 종이 많다.
- **부리**: 갈고리 모양으로 굽어 있다.
- **발**: 날카로운 갈고리 모양의 발톱을 지니고 있다.

콘도르의 몸

- **콧구멍**: 죽은 동물을 냄새로 구분한다.
- **머리**: 대부분의 종이 털이 없다. 드물게 털 같은 깃털을 가진 종도 있다.
- **부리**: 독수리보다 작고 약하다.
- **발**: 악력이 비교적 약하다.

그거 아나? 〈지혜 주머니〉
죽은 사람을 탑 꼭대기나 산 중턱에 두고 새가 먹게 하여 장례를 치르는 것을 '조장(鳥葬)'이라고 부르지! 영혼을 하늘로 보낸다는 의미의 독특한 장례 풍습이야.

수리목

콘도르란 무엇일까?
수리목 콘도르과에 속하는 새로 남북 아메리카 대륙의 따뜻한 지역에서 볼 수 있다. 독수리는 수리목 수릿과에 속한 새로 말똥가리나 솔개에 가깝다.

가까운 친척도 아닌데 독수리와 콘도르는 왜 비슷하게 생겼을까?
서로 다른 대륙에 사는, 아무 관계없는 생물이 비슷한 특징을 가지는 이유는 '수렴 진화'를 했기 때문이다. 수렴 진화란, 본디 전혀 다른 종이 비슷한 환경에 적응하기 위해 외형이나 생활 방식 등이 비슷하게 진화한 것을 일컫는다. 콘도르가 더 예민한 후각을 가지고 있지만, 부리나 발의 힘은 독수리가 더 강하다. 이러한 차이는 각자 사냥하는 데 있어서 또 다른 진화를 이뤘기 때문이다.

독수리와 콘도르는 왜 머리에 털이 없을까?
둘 다 먹잇감으로 죽은 동물의 부드러운 내장을 좋아한다. 만약 머리에 깃털이 있는 채, 죽은 동물의 몸속에 머리를 집어넣게 되면 깃털에 피가 묻고 세균이 번식하여 병에 걸려 죽게 된다. 따라서 머리의 깃털이 없는 몸으로 진화하게 된 것이다.

먹잇감의 상태를 어떻게 알 수 있을까?
독수리는 후각은 약하지만 시각이 뛰어나기 때문에 오랜 시간 동안 누워 있는 동물을 관찰하여 죽은 건지 잠이 든 건지 판단한다. 또한 독수리가 노리는 먹잇감은 보통 무리 지어 다니는 동물이기 때문에 혼자 누워 있는 먹잇감은 이미 죽었거나 죽어 가는 것으로 판단하여 사냥한다. 콘도르는 후각이 뛰어나 썩은 냄새를 맡을 수 있다.

머리의 피부……털이 없는 머리에 햇빛이 바로 닿기 때문에 세균이나 기생충이 살 수 없다.

소화기……산성이 강한 위액 때문에 썩은 고기에 있는 대부분의 세균이 죽는다.

습성……콘도르는 자신의 발에 똥을 싸서 체온을 낮추거나 세균을 죽인다.

2장
팀에 합류하다!

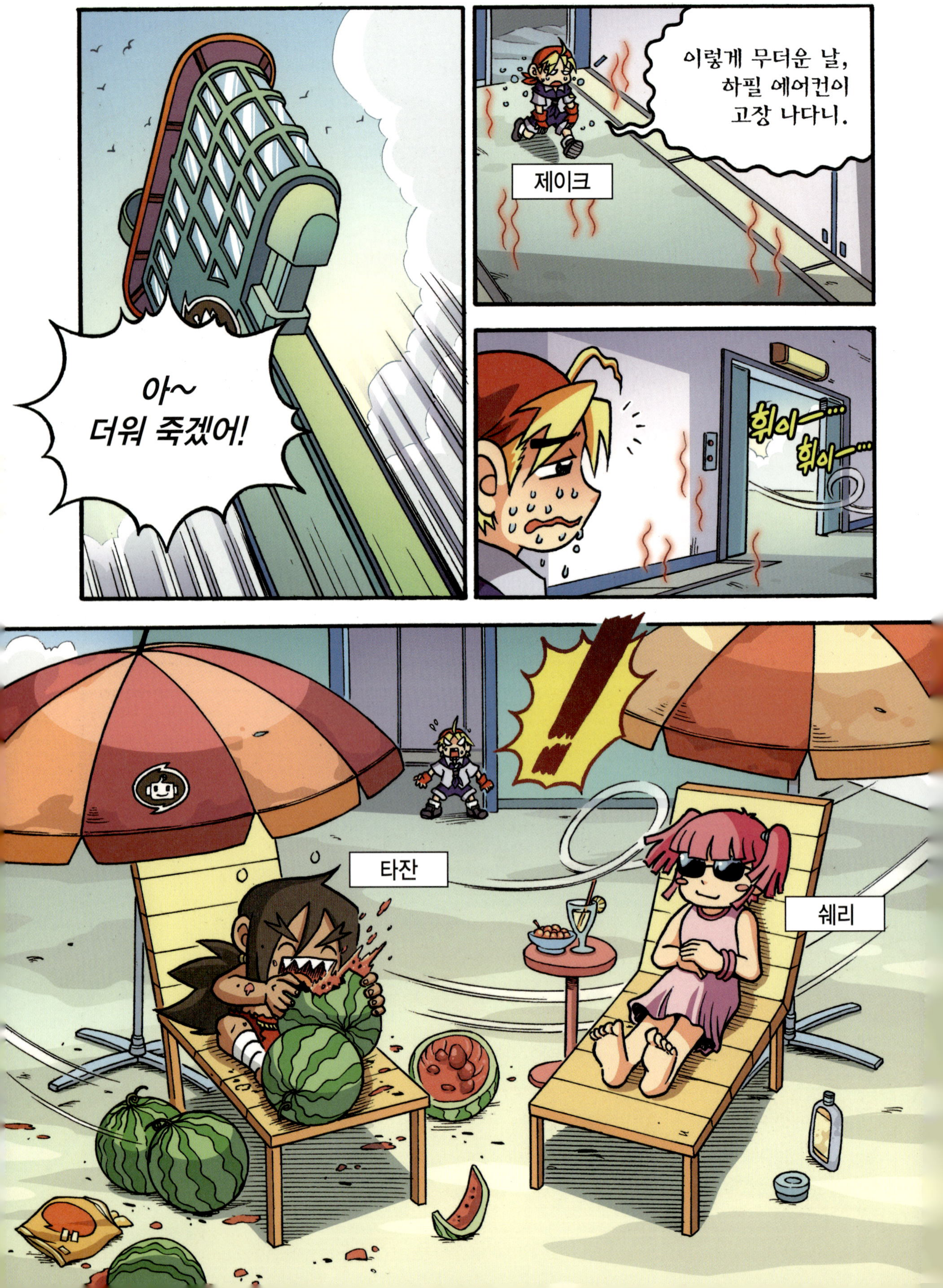

아~
더워 죽겠어!

이렇게 무더운 날, 하필 에어컨이 고장 나다니.

제이크

휘이―…
휘이―…

타잔

쉐리

예멘, 서부 산악 지대

여긴 룹알할리 사막이야.

예멘에는 독수리가 살지.

걸어가기에 기지는 너무 멀어. 날아가는 수밖엔…

으앗, 진짜 날았다?!

동물 백과사전

보전 상황

절멸 야생 절멸 심각한 위기 멸종 위기 취약 위기 근접 **관심 필요**

학명 : *Haliaeetus leucocephalus*
몸길이 : 0.7~1.0m
날개를 펼친 길이 : 1.8~2.3m
몸무게 : 3.0~6.3kg
주요 먹잇감 : 어류, 소형 포유류, 조류, 죽은 동물
분포 : 북아메리카, 중앙아프리카 북부
서식지 : 습지대, 나무가 우거진 숲, 해안가

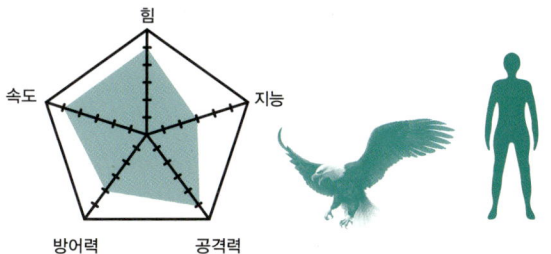

흰머리수리

몸은 갈색 깃털, 머리는 하얀색 깃털이라 이런 이름이 붙었다. 시속 56~70km로 하늘을 비행한다. 먹잇감을 물고도 시속 48km 정도로 비행할 수 있다. 상황을 살피며 먹잇감을 노리는 사냥의 달인. 자신의 영역 안에 물이 있는 경우, 물 주변에서 머물며 활동한다. 큰 몸집과 강력한 힘을 무기로 다른 동물이 잡은 먹잇감을 가로채기도 하지만, 검둥수리에게는 이기지 못한다. 강한 동물과의 싸움을 즐기지 않으며 자신보다 몸집이 작은 먹잇감을 노린다. 보통 1년 내내 한 지역에 머물며 활동하지만, 겨울에 남쪽으로 이동하기도 한다. 둥지의 크기는 깊이 6m, 직경 3m, 무게 2t 정도로 북아메리카 대륙에 사는 새 중에서 가장 큰 둥지를 가지고 있다.

▲인간이 뿌린 살충제 때문에 알의 껍데기가 물러져서 새끼가 부화하지 못해 그 개체수가 줄었지만, 현재는 많이 회복됐다.

동물 백과사전

왕대머리수리

보전 상황

| 절멸 | 야생 절멸 | 심각한 위기 | 멸종 위기 | 취약 | 위기 근접 | 관심 필요 |

학명 : *Sarcoramphus papa*
몸길이 : 0.7~0.8m
날개를 펼친 길이 : 1.2~2.0m
몸무게 : 2.4~4.5kg
주요 먹잇감 : 죽은 동물
분포 : 중앙아메리카 남부, 남아메리카 북부~중부
서식지 : 열대 저지대에 있는 숲, *팜파스, 사바나

※아르헨티나에 펼쳐진 초원 지대

콘도르과의 조류로, 자신보다 몸집이 작은 콘도르를 쫓아내고 먹잇감을 차지하여 '왕대머리수리'라는 이름이 붙었다. 몸집이 크지만 성격은 그리 공격적이지 않다. 콘도르종 중에서 가장 강력한 부리를 지니고 있다. 거칠거칠한 혀는 뼈와 살을 분리하는 데 유용하다. 움푹한 나무 사이에 둥지를 지으며 암컷 왕대머리수리는 한 개의 알을 낳는다. 천적을 피하기 위해 둥지에 악취를 풍긴다.

▶ 다채로운 몸 색깔로 인해 '색칠된' 콘도르라고 불리기도 한다.

3장
기지에서 생긴 일

동물들을 잠재웠습니다.

저 로고는! FWW 녀석들이다!

동물 백과사전

보전 상황

| 절멸 | 야생 절멸 | 심각한 위기 | 멸종 위기 | 취약 | 위기 근접 | 관심 필요 |

- 학명 : *Aquila fasciata*
- 몸길이 : 0.6~0.7m
- 날개를 펼친 길이 : 1.5~1.8m
- 몸무게 : 1.6~2.4kg
- 주요 먹잇감 : 소형 포유류, 조류
- 분포 : 유럽 남부, 아프리카, 남~동남아시아
- 서식지 : 삼림이 있는 구릉지, *사바나, 늪지대, 반사막 지대

※적도 부근 지방에 펼쳐진 초원

보넬리독수리

나무 꼭대기에서 다이빙해 먹잇감을 낚아채는 방식으로 사냥한다. 사람의 눈을 피해 생활하며 무언가가 둥지에 접근하면 큰 소리를 내서 반응한다. 둥지는 벼랑 틈새나 높은 나무의 꼭대기에 3~4개 정도를 지은 뒤, 그중에서 안전해 보이는 둥지에 알을 낳고 새끼를 키운다. 이러한 생활 방식 또한 다른 동물에게 방해받지 않기 위한 것으로 보인다.

보전 상황

| 절멸 | 야생 절멸 | 심각한 위기 | **멸종 위기** | 취약 | 위기 근접 | 관심 필요 |

- 학명 : *Terathopius ecaudatus*
- 몸길이 : 0.6~0.7m
- 날개를 펼친 길이 : 약 1.9m
- 몸무게 : 2.0~2.6kg
- 주요 먹잇감 : 소형 포유류, 파충류, 조류, 죽은 동물
- 분포 : 아프리카의 사하라 사막 이남
- 서식지 : 사바나, 아프리카 남부 초원 주변의 삼림

달마수리

꼬리의 길이가 수릿과 새 중에서 가장 짧다. 짧은 꼬리와 날개의 아랫부분에 난 하얀 깃털로 인해 다른 종과 쉽게 구분된다. 낮에 활동하며, 매일 650㎢ 정도의 영역을 날아다닌다. 대부분 낮은 곳을 비행한다. 어릴 땐 장거리를 이동하지만, 짝짓기 상대를 만나면 한곳에 머무르는 습성이 있다. 상대에게 구애할 때는 날개를 좌우로 흔들면서 하늘을 나는 '곡예비행'을 선보인다. 그 모습은 마치 공중에서 춤을 추는 것처럼 보인다.

동물 백과사전

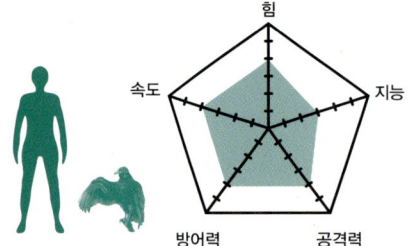

보전 상황

| 절멸 | 야생 절멸 | 심각한 위기 | 멸종 위기 | 취약 | 위기 근접 | 관심 필요 |

학명 : *Coragyps atratus*
몸길이 : 0.6~0.7m
날개를 펼친 길이 : 1.3~1.7m
몸무게 : 1.6~2.8kg
주요 먹잇감 : 죽은 동물, 포유류
분포 : 북아메리카 남부, 중앙~남아메리카
서식지 : 저지대의 삼림, 늪지대, 초원

검은대머리수리

날개를 펼쳤을 때 다른 콘도르나 독수리보다 날개의 길이가 짧아 방향 전환이 빠르다. 그래서 저지대에서 많이 서식한다. 움직이지 않을 때도 날개를 펼치는데 날개를 말리거나, 몸을 덥히거나, 세균을 죽이기 위한 행동으로 콘도르, 독수리, 황새의 공통적인 특징이다. 후각이 발달하지 않았기 때문에 시각에 의지하여 먹잇감을 찾는다. 둥지를 짓는 대신, 바위나 땅 등에 2개의 알을 낳는다.

◀ 적이 접근해 위험에 처하면 음식물을 게워 낸다. 적의 공격을 훼방하는 것과 동시에 체중을 줄여 재빨리 도망치기 위한 작전이다.

4장
기지를 향해!

조사대가 온 것 같습니다.

뿔매를 보내 처리해라.

훗, 동굴 안에 숨어 봤자 소용없다.

휘이~ 휘이~

!
제이크! 밧줄을 걸자!

보넬리독수리

남유럽에서 인도네시아까지 넓은 범위에서 서식한다.

살려 줘! 아직 죽고 싶지 않아~

죽긴 누가 죽어!

조사대는 사라진 것 같군.

뿔매에게 당한 건가.

어서 이거 풀어!

입 다물어! 다음 계획을 실행한다.

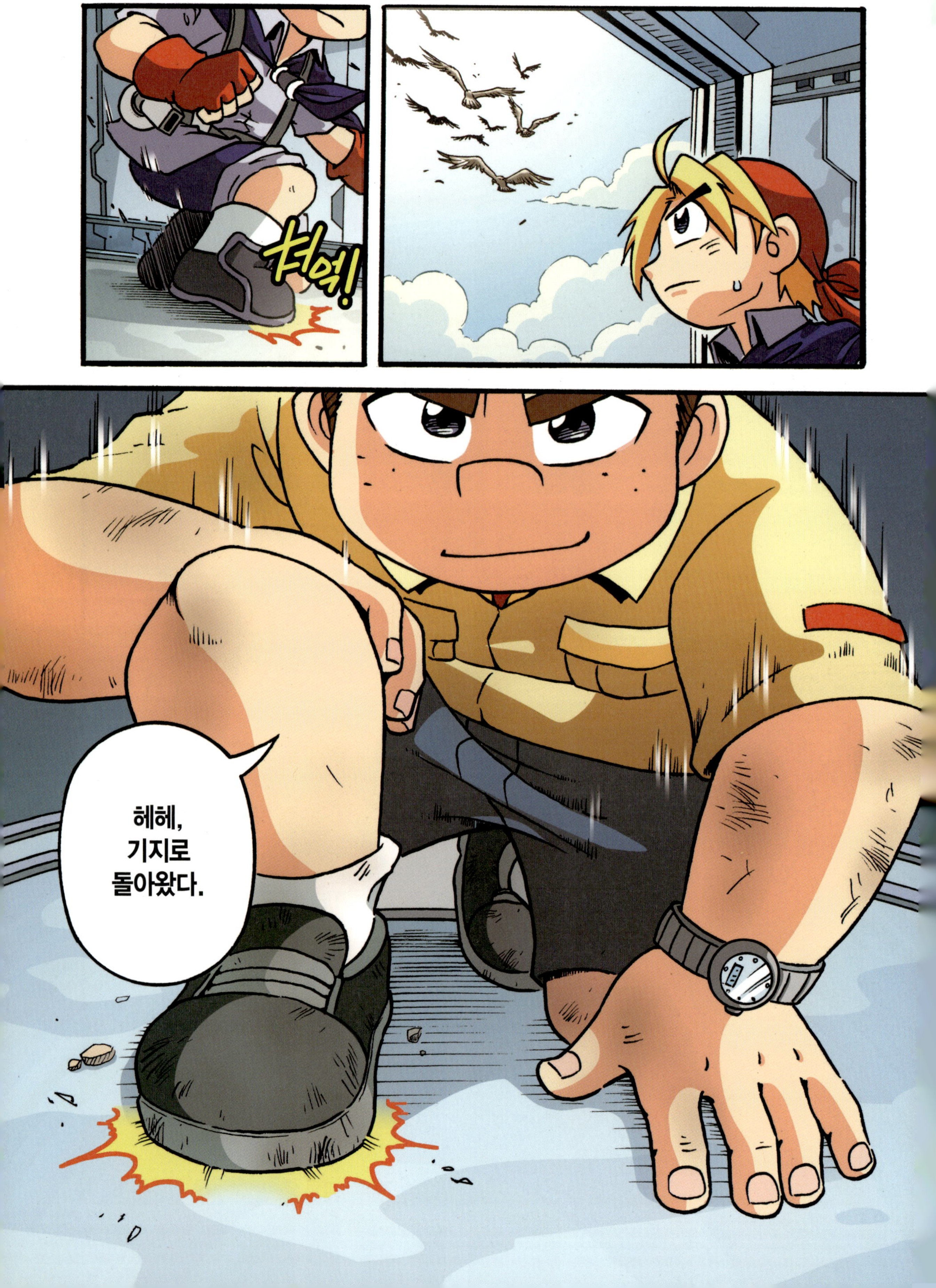

헤헤, 기지로 돌아왔다.

동물 백과사전

보전 상황

| 절멸 | 야생 절멸 | 심각한 위기 | 멸종 위기 | 취약 | 위기 근접 | 관심 필요 |

- 학명 : *Nisaetus cirrhatus*
- 몸길이 : 0.6~0.8m
- 날개를 펼친 길이 : 1.3~1.4m
- 몸무게 : 1.3~1.9kg
- 주요 먹잇감 : 소형 포유류, 파충류, 조류
- 분포 : 남~동남아시아
- 서식지 : 반상록수 삼림, 초원, 도시 주변

서식지에 따라 모습이 다르다. 인도와 스리랑카에 서식하는 개체는 비교적 몸집이 작으며, 긴 머리 깃을 지녔다. 높은 나뭇가지에 숨어 있다가 먹잇감을 발견하면 급강하해서 사냥한다. 암컷은 나무 꼭대기에 작은 나뭇가지를 모아 둥지를 만들고, 12월~4월 사이에 1개의 알을 낳는다.

관머리뿔매

보전 상황

| 절멸 | 야생 절멸 | 심각한 위기 | **멸종 위기** | 취약 | 위기 근접 | 관심 필요 |

- 학명 : *Haliaeetus leucoryphus*
- 몸길이 : 0.7~0.8m
- 날개를 펼친 길이 : 1.8~2.2m
- 몸무게 : 2.0~3.3kg
- 주요 먹잇감 : 대형 담수어, 물새
- 분포 : 중앙~남아시아
- 서식지 : 습지대

팔라스바다수리

하늘을 날 수 있는 조류 중 힘이 센 부류에 속한다. 자신보다 두 배나 무거운 잉어를 사냥하기도 한다. 어부들은 이 새가 있는 곳에 물고기가 있다고 여긴다. 겨울이 되면 겨울을 나기 위해 남쪽으로 날아간다.

동물 백과사전

작은노랑머리콘도르

보전 상황

| 절멸 | 야생 절멸 | 심각한 위기 | 멸종 위기 | 취약 | 위기 근접 | 관심 필요 |

- 학명 : *Cathartes burrovianus*
- 몸길이 : 0.5~0.7m
- 날개를 펼친 길이 : 1.5~1.7m
- 몸무게 : 1.0~1.1kg
- 주요 먹잇감 : 죽은 동물, 늪지에 사는 소형 수생 생물
- 분포 : 중앙아메리카 남부, 남아메리카 북부~북동부
- 서식지 : 물이 많은 초원, 늪지

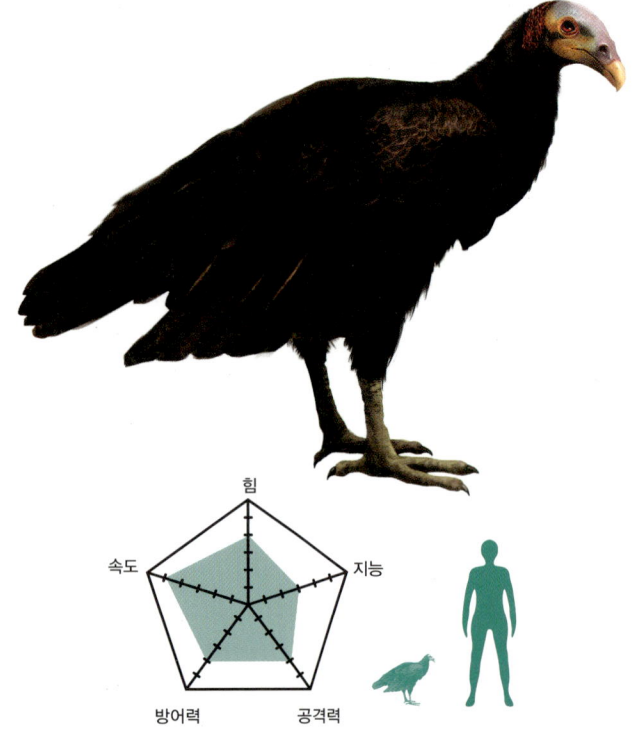

주변의 상황에 맞춰 사냥하는 작은노랑머리콘도르는 먹잇감이 충분하지 않은 경우에 수생 동물을 먹기도 한다. 뛰어난 시력과 예민한 후각을 가지고 있어서 죽은 동물을 잘 찾아낸다. 갓 죽은 동물의 신선한 고기를 좋아하지만, 부리가 약하기 때문에 맨 먼저 먹잇감을 먹지 못한다. 종종 왕대머리수리 같은 덩치 큰 새에게 먹잇감을 빼앗기기도 한다.

보전 상황

| 절멸 | 야생 절멸 | 심각한 위기 | 멸종 위기 | 취약 | 위기 근접 | 관심 필요 |

- 학명 : *Gyps himalayensis*
- 몸길이 : 1.0~1.2m
- 날개를 펼친 길이 : 2.5~3.1m
- 몸무게 : 9.0~20.0kg
- 주요 먹잇감 : 죽은 동물
- 분포 : 중앙아시아(특히 티베트 고원)
- 서식지 : 산지의 작은 나무가 있는 초원

고산대머리수리

독수리 중에서도 몸집이 큰 종으로 죽은 동물만 먹는다. 주로 티베트의 야생 소인 '야크'를 먹는다. 입맛이 꽤 까다로워 먹잇감의 내장은 먹지 않는다. 보통 해발고도가 1,500~4,000m 정도 되는 산에 서식한다. 사교적이며 큰 무리를 지어 활동하지만, 짝짓기 계절인 1월이 되면 짝을 이룬 후, 무리를 떠나 높은 바위산에 둥지를 짓는다.

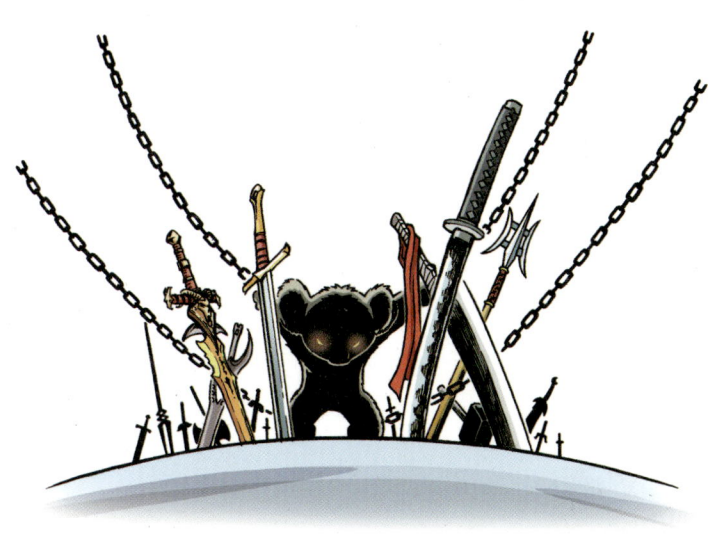

5장
무서운 코알라

어떻게 하면 찰스 박사가 우리에게 협조할까?

그, 그만둬! 틸다는 건드리지 마.

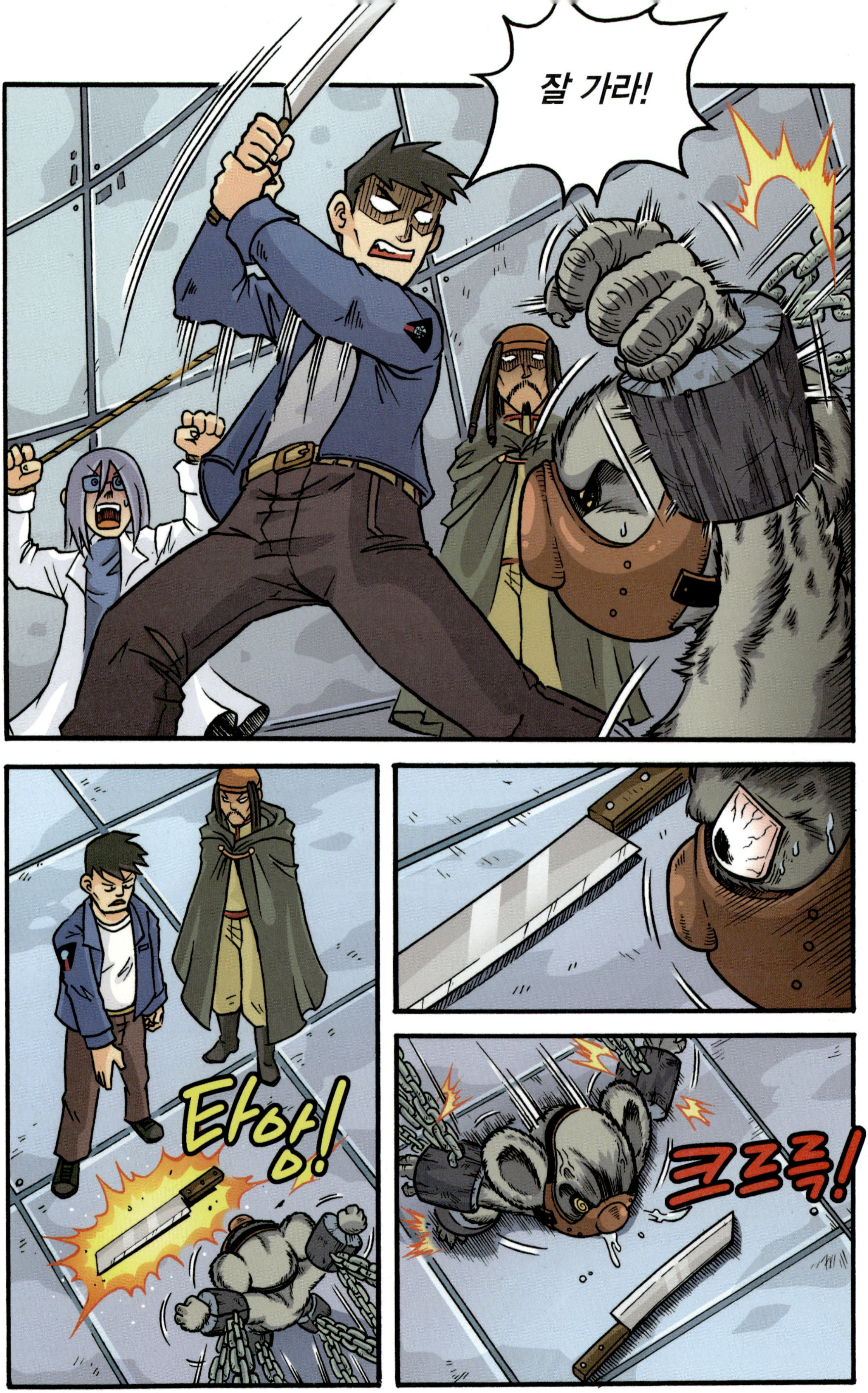

동물 백과사전

보전 상황

절멸 | 야생 절멸 | **심각한 위기** | 멸종 위기 | 취약 | 위기 근접 | 관심 필요

학명 : *Pithecophaga jefferyi*
몸길이 : 0.9~1.0m
날개를 펼친 길이 : 최대 2.0m
몸무게 : 4.7~8.0kg
주요 먹잇감 : 소형~중형 포유류, 파충류, 조류
분포 : 필리핀
서식지 : 산지의 삼림

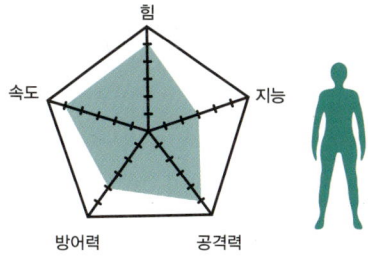

필리핀독수리

갈기처럼 긴 갈색 머리 깃이 특징. 필리핀의 국조(나라를 대표하는 새)로 서식지가 줄어들면서 심각한 멸종 위기종으로 지정되었다. 필리핀에서는 필리핀독수리를 죽일 경우, 징역 12년과 높은 벌금이 부과된다. 민첩한 비행 능력을 지녔으며, 공격적이고 자신의 영역에 누군가 침범하는 걸 싫어한다. 한 마리가 사냥감의 주의를 끌고, 다른 한 마리가 등 뒤에서 공격하는 등 짝을 이뤄 협력하여 사냥한다. 일찍이 새끼 때부터 발톱으로 나뭇가지를 움켜쥐거나 꼬리와 날개로 균형을 잡는 등의 사냥 훈련을 한다. 균형 감각을 익히기 위해 거꾸로 매달릴 때도 있다.

▲ 매끄러운 깃털 덕분에 비행할 때 공기의 저항이 적다.

▲ 위험을 느끼면 날개를 펼쳐 몸집을 크게 만들어 보인다.

동물 백과사전

보전 상황

절멸　야생 절멸　**심각한 위기**　멸종 위기　취약　위기 근접　관심 필요

학명 : *Gymnogyps californianus*
몸길이 : 1.1~1.4m
날개를 펼친 길이 : 최대 3.0m
몸무게 : 7.0~14.0kg
주요 먹잇감 : 죽은 동물
분포 : 아메리카 캘리포니아주 남서부, 애리조나주 북서부, 유타주 북서부
서식지 : 낮은 언덕과 바위지대, 침엽수림, 참나무가 있는 초원

캘리포니아콘도르

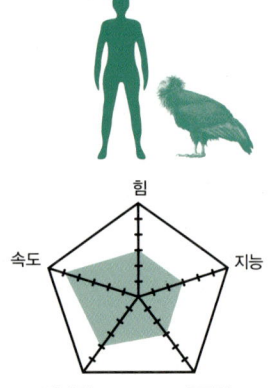

북아메리카 대륙에서 가장 큰 맹금류 중 하나로 날개를 펼치면 그 길이가 3m에 이른다. 현재는 심각한 멸종 위기종으로 지정되어 있다. 1987년 야생에서 멸종했지만, 캘리포니아콘도르의 번식 프로그램을 담당하는 연구팀으로 인해 점점 개체 수가 회복되고 있다. 가장 오래 사는 조류 중 하나로, 수명은 최장 60년이다. 캘리포니아콘도르의 활동 영역은 넓으며, 먹잇감을 찾아 하루에 최장 250km나 비행하기도 한다. 먹잇감을 먹는 순서가 있는 것으로 보아 무리 안의 계급이 존재하며, 지위가 가장 높은 수컷이 맨 처음 먹잇감에 달려든다.

안데스콘도르

보전 상황

절멸　야생 절멸　심각한 위기　멸종 위기　**취약**　위기 근접　관심 필요

학명 : *Vultur gryphus*
몸길이 : 1.0~1.3m
날개를 펼친 길이 : 2.7~3.2m
몸무게 : 7.5~15.0kg
주요 먹잇감 : 죽은 동물
분포 : 남아메리카 안데스 산맥
서식지 : 넓은 초원, 고산지대

7살이 넘어야 성체가 되며 야생에서는 최장 60년 정도 산다. 수컷은 목과 가슴을 부풀리고 큰 소리로 울며 암컷에게 구애한다. 암컷과 수컷의 생김새는 비슷하지만 수컷은 암컷과 달리 머리에 볏이 있다. 평생 한 마리와 짝을 이뤄 새끼를 낳는다. 매일 먹잇감을 찾아 200km나 비행한다. 다른 콘도르에 의지해 먹잇감을 찾은 후, 큰 몸집으로 먹잇감을 가로채 맛있는 부분을 먹는다.

6장
누가 적이고, 누가 친구일까?

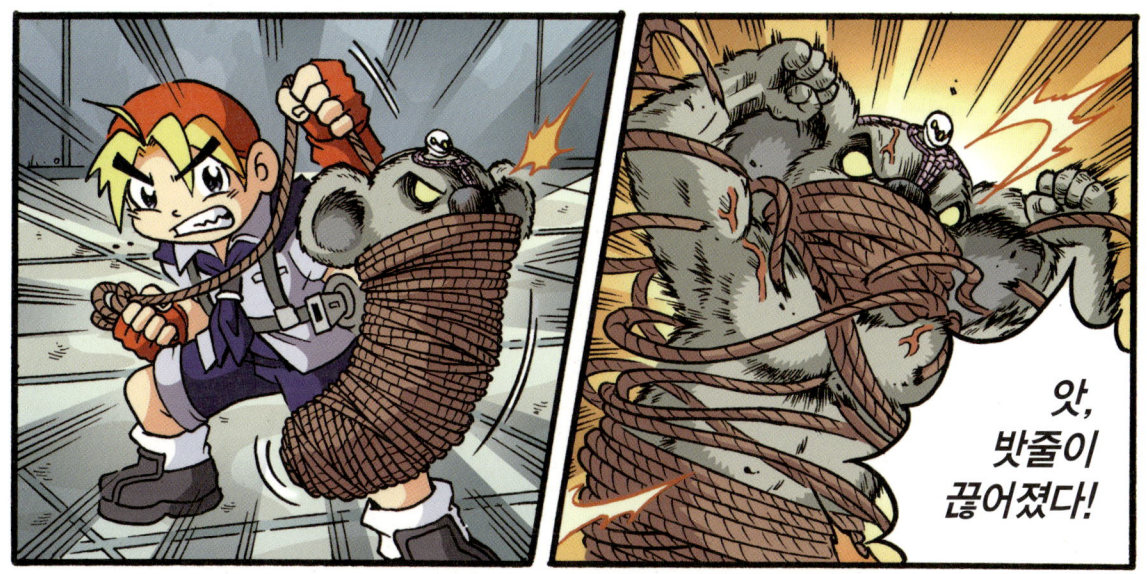

누가 적이고, 누가 친구일까? 101

다…
나 때문이야!

좀 더 신중하게 행동했다면 이런 상황까지는 되지 않았을 텐데.

더 이상 동료들을 위험에 빠뜨릴 순 없어.

동물 백과사전

보전 상황

| 절멸 | 야생 절멸 | 심각한 위기 | 멸종 위기 | **취약** | 위기 근접 | 관심 필요 |

- 학명 : *Harpia harpyja*
- 몸길이 : 0.9~1.1m
- 날개를 펼친 길이 : 1.8~2.2m
- 몸무게 : 4.0~7.5kg
- 주요 먹잇감 : 나무 위에 사는 소형~중형 포유류
- 분포 : 중앙아메리카 남부, 남아메리카 북부~중부
- 서식지 : 열대우림

부채머리수리

머리에 독특한 깃털이 나 있다. 천적이 없는 정점 포식자로 주로 높은 나무에서 생활하며, 나무 위에 사는 포유류를 먹잇감으로 삼는다. 13cm 정도의 매우 커다란 발톱을 이용해 사냥하거나 먹이를 먹는다. 수컷보다 암컷의 몸집이 더 큰 편이며, 맹금류 중에서도 가장 큰 종 중 하나이지만 몸길이에 비해 날개는 그리 크지 않기 때문에 민첩하게 움직일 수 있다. 현재 축소된 서식지와 사냥꾼들의 수렵으로 인해 개체 수가 감소하고 있다.

◀ 머리에 장식 깃털이 있다.

▲ 움켜잡는 힘이 조류 중에서 가장 강하다. 자신의 무게에 반절 이상 되는 무거운 먹잇감을 잡고도 잘 비행한다.

동물 백과사전

보전 상황

| 절멸 | 야생 절멸 | 심각한 위기 | 멸종 위기 | 취약 | **위기 근접** | 관심 필요 |

학명 : *Gypaetus barbatus*
몸길이 : 0.9~1.3m
날개를 펼친 길이 : 2.3~2.8m
몸무게 : 4.5~7.8kg
주요 먹잇감 : 죽은 동물(특히 골수), 거북, 작은 동물
분포 : 유럽, 아시아, 아프리카
서식지 : 높은 산지, 고지대의 초원, 바위 지대

섭취하는 먹이의 85~90%가 고기가 아닌 골수이다. 부리가 약해 먹잇감의 뼈를 부술 수 없기 때문에 먹잇감을 50~150m 정도 높이에서 떨어뜨려 뼈를 부순 후, 그 안에 든 골수를 먹는다. 죽은 먹잇감을 두고 다른 동물과 다투는 일은 거의 없다.

수염수리

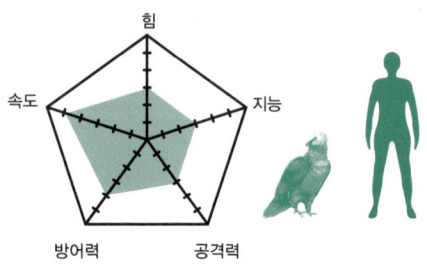

크게 무리지어 긴 거리를 이동하며 먹잇감을 찾아 재빠르게 비행한다. 초원, 삼림, 사막, 해안가뿐만 아니라 사람이 사는 곳에서도 서식한다. 제일 처음 먹잇감을 발견하곤 하지만, 힘이 세지 않아 독수리에게 종종 빼앗긴다. 부족한 먹이를 보충하기 위해 어류, 파충류, 곤충 등도 먹는다.

보전 상황

| 절멸 | 야생 절멸 | **심각한 위기** | 멸종 위기 | 취약 | 위기 근접 | 관심 필요 |

학명 : *Necrosyrtes monachus*
몸길이 : 0.6~0.7m
날개를 펼친 길이 : 1.6~1.7m
몸무게 : 최대 2.6kg
주요 먹잇감 : 죽은 동물, 소형~중형 파충류, 어류, 곤충
분포 : 아프리카의 사하라 사막의 이남 지역
서식지 : 넓은 초원, 삼림, 사막, 해안가, 사람이 사는 지역

모자쓴독수리

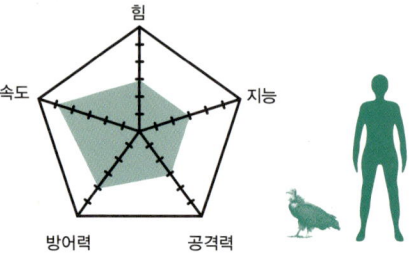

7장
새들의 대결

동물 백과사전

보전 상황

| 절멸 | 야생 절멸 | 심각한 위기 | 멸종 위기 | 취약 | 위기 근접 | **관심 필요** |

- 학명 : *Circaetus gallicus*
- 몸길이 : 0.6~0.7m
- 날개를 펼친 길이 : 1.7~1.9m
- 몸무게 : 1.2~2.3kg
- 주요 먹잇감 : 파충류
- 분포 : 유럽 남부, 중동, 아시아 중부, 남부, 남동부
- 서식지 : 경작지, 건조한 관목 지대, 반사막 지대

짧은발가락 뱀독수리

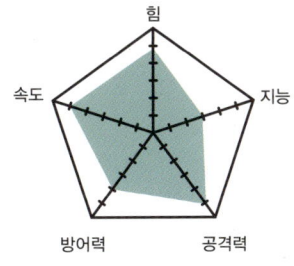

다른 수리와 다르게 짧고 날카롭지 않은 발톱을 지녔는데, 오히려 뱀을 사냥할 때 효율적이다. 독이 있는 뱀도 먹잇감으로 삼으며 나무 위나 드물게 바위틈에 둥지를 짓는다.

보전 상황

| 절멸 | 야생 절멸 | 심각한 위기 | 멸종 위기 | 취약 | 위기 근접 | **관심 필요** |

- 학명 : *Aquila verreauxii*
- 몸길이 : 0.8~1.0m
- 날개를 펼친 길이 : 1.8~2.3m
- 몸무게 : 3.0~5.8kg
- 주요 먹잇감 : 소형~중형 포유류(특히 바위너구리)
- 분포 : 아프리카 남부, 중동
- 서식지 : 사바나의 바위 지대

흰허리독수리

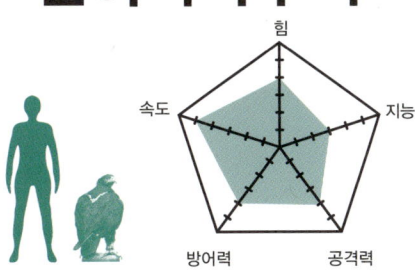

사냥이 능숙해서 자신보다 큰 먹잇감도 잡을 수 있다. 전망 좋은 장소에서 남몰래 목표를 정하고 갑자기 공격을 가해 먹잇감을 잡는다. 같은 흰허리독수리로부터 먹잇감을 훔치는 경우도 있다. 바위너구리 같은 소형 포유류를 좋아한다.

동물 백과사전

이집트대머리수리

보전 상황

절멸　야생 절멸　심각한 위기　**멸종 위기**　취약　위기 근접　관심 필요

학명 : *Neophron percnopterus*
몸길이 : 0.5~0.7m
날개를 펼친 길이 : 최대 1.8m
몸무게 : 2.0~2.4kg
주요 먹잇감 : 죽은 동물, 소형 포유류
분포 : 유럽 남서부, 아프리카, 중동, 인도
서식지 : 평원, 초원, 산지, 경작지, 시가지

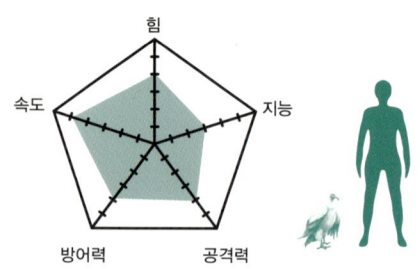

다양한 먹이를 먹는 소형 독수리로 머리가 좋다. 타조의 알을 깰 때 자갈 등을 도구로 사용한다. 철새로 겨울이 되면 남유럽에서 북아프리카로 이동한다.

팜너트독수리

보전 상황

절멸　야생 절멸　심각한 위기　멸종 위기　취약　위기 근접　**관심 필요**

학명 : *Gypohierax angolensis*
몸길이 : 최대 0.6m
날개를 펼친 길이 : 약 1.5m
몸무게 : 1.2~1.5kg
주요 먹잇감 : 기름야자 열매, 수생 연체동물, 소형 어류
분포 : 아프리카의 사하라 사막의 이남
서식지 : 물이 많은 삼림, 늪지, 습기가 많은 사바나

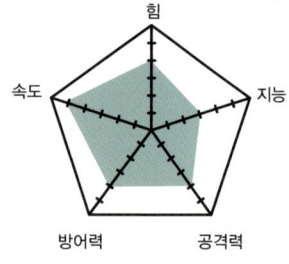

기름야자 열매를 즐겨 먹어서 이러한 이름이 붙었다. 부족한 영양분은 연체동물이나 작은 물고기 등을 먹어 보충하며 죽은 동물을 먹는 일은 거의 없다. 비행할 땐 상승기류를 타는 것이 아니라 날개를 이용해 비행한다. 단독으로 행동할 때가 많지만 짝짓기 시기가 되면 무리를 이룬다. 암컷은 한 개의 알을 낳으며 수컷과 교대하여 부화시킨다.

8장
돌아온 찰스 박사

저기 봐, 기지가!

저 연기 말이야? 모기향이라도 피웠나 보지.

다들 점심 먹고 있을 텐데?

가끔은 우릴 생각해 준다니까.

푸드덕 푸드덕!

새매, 피해!

멀리 도망쳐!

콰앙!

동물 백과사전

보전 상황

절멸 야생 절멸 심각한 위기 멸종 위기 취약 위기 근접 관심 필요

학명 : *Aquila chrysaetos*
몸길이 : 0.7~1.0m
날개를 펼친 길이 : 1.8~2.3m
몸무게 : 2.5~6.4kg
주요 먹잇감 : 중형 포유류, 죽은 동물, 조류, 파충류
분포 : 유럽, 아시아, 중동, 북아메리카, 아프리카
서식지 : 산지

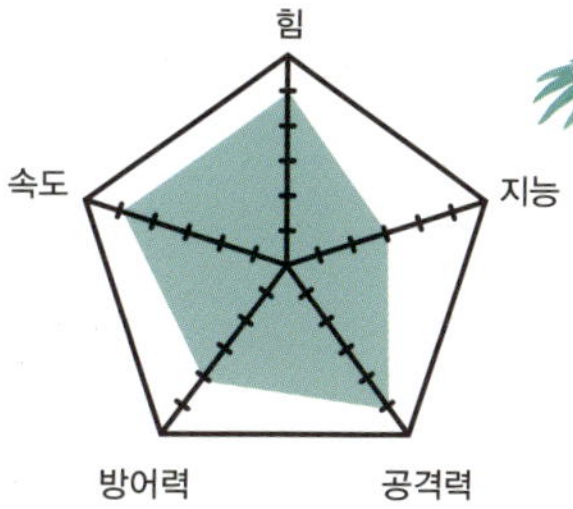

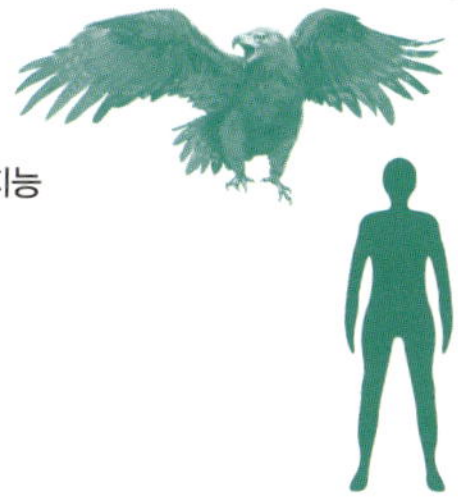

검둥수리

'검독수리'라고 부르기도 한다. 북반구의 맹금류 중 가장 유명하며 넓은 지역에 서식한다. 깃털은 갈색이며 맹금류 중에서 가장 힘이 세다. 움켜쥐는 힘이 강해 그 힘을 이용해 자신보다 큰 먹잇감도 쉽게 사냥한다. 시속 240~320km의 속도로 급강하해 먹잇감을 향해 달려든다. 넓은 범위를 영역으로 삼으며 암컷은 다른 동물이 쉽게 접근할 수 없는 큰 나무 위나 벼랑 등 높은 곳에 둥지를 짓는 것을 좋아한다. 1~4개(보통은 2개)의 알을 낳는다.

검둥수리의 사냥

❶ 하늘에서 급강하해서 탁 트인 장소에 있는 먹잇감을 낚아챈다.

❷ 만약 첫 번째 사냥에 실패해도, 저공비행으로 방향을 바꿔 다시 공격한다.

❸ 공중에서도 엄청난 속도로 먹잇감을 쫓는다.

동물 백과사전

보전 상황

절멸 야생절멸 심각한위기 **멸종 위기** 취약 위기근접 관심필요

- 학명 : *Torgos tracheliotos*
- 몸길이 : 1.0~1.1m
- 날개를 펼친 길이 : 2.5~2.9m
- 몸무게 : 6.5~9.2kg
- 주요 먹잇감 : 죽은 동물, 소형 동물, 흰개미
- 분포 : 중부와 남부를 제외한 아프리카 전역, 중동
- 서식지 : 건조한 사바나, 산지

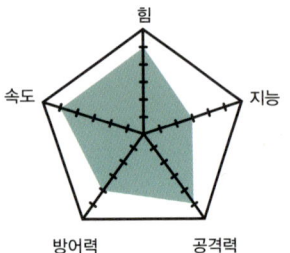

주름민목독수리

독수리 중에서 가장 크고 공격적이다. 얼굴의 피부가 늘어져 있어 이러한 이름이 붙었다. 먹잇감을 사냥할 때 시각에만 의존한다. 다른 독수리가 발견한 먹잇감을 가로채기도 한다. 죽은 동물을 주로 먹지만 때로는 살아 있는 동물을 사냥하기도 한다. 플라밍고나 뿔닭, 임팔라를 사냥하는 경우도 있다. 다른 독수리와 달리 보통 단독으로 행동하거나 짝을 이뤄 행동한다. 무리를 이루는 일은 거의 없으며, 신선한 고기나 마실 물이 있는 곳에만 모여든다. 8~15㎢ 정도 넓이의 활동 영역을 갖는다.

▲ 죽은 동물이나 소형 동물뿐만 아니라 흰개미를 좋아해서 종종 흰개미를 사냥하기도 한다.

하늘의 최강왕 배틀!

복습퀴즈

01 콘도르는 어느 과 동물일까?
   A. 콘도르과   B. 수릿과   C. 물수릿과

02 아래의 세 가지 특징은 어떤 새를 설명하는 걸까?
   • 맹금류 중 가장 힘이 세다.
   • 시속 240~320km로 급강하한다.
   • 나무 위나 벼랑 등에 둥지를 지으며, 1~4개의 알을 낳는다.
   A. 부채머리수리   B. 검둥수리   C. 흰허리독수리

03 다음 중, 적이 접근해 위험해지면 음식물을 게워 내는 새는?

   A. 이집트대머리수리   B. 검은대머리수리   C. 팜너트독수리

04 섭취하는 먹이의 85~90%가 골수인 수리는?
   A. 수염수리   B. 주름민목독수리   C. 왕대머리수리

05 필리핀독수리에 대해 올바른 것은?
   A. 말레이시아의 국조이다.
   B. 공격적이며 영역 의식이 강하다.
   C. 단독으로 사냥한다.

06 부채머리수리의 발톱은 얼마나 클까?

A. 5 cm
B. 8 cm
C. 13 cm

07 보넬리독수리가 둥지를 여러 개 만드는 이유는?

A. 다른 동물에게 방해를 받지 않는 안전한 둥지를 고르기 위해서.
B. 각각의 둥지에 알을 낳음으로써 부화 확률을 높이기 위해서.
C. 둥지가 망가졌을 때 예비 둥지로 사용하기 위해서.

08 다음 중, 도구를 사용하는 수리는?

A. 수염수리　B. 모자쓴독수리　C. 이집트대머리수리

09 다음 중, 죽은 동물의 고기뿐만 아니라 플라밍고나 임팔라 등도 먹는 것은?

A. 주름민목독수리　　B. 캘리포니아콘도르　　C. 고산대머리수리

10 독수리나 콘도르의 머리에 털이 없는 이유는?

A. 죽은 동물의 고기를 먹으면 머리털이 빠지기 때문에.
B. 깃털에 피가 묻는 걸 방지하여 세균에 감염되지 않도록 진화했기 때문에.
C. 머리의 체온이 뜨겁기 때문에 체온을 조절하기 위해서.

정답

점수를 확인해 봐야지?

01=A 02=B 03=B 04=A 05=B
06=C 07=A 08=C 09=A 10=B

10점 만점
타고난 천재는 아니지만
독서를 많이 했거든!

8~9점
수의사가 되고 싶은 꿈을 이루기 위해
더 열심히 공부해야지!

6~7점
자연 속에서 실제로 동물을
관찰하는 게 제일 좋은 공부예요!

4~5점
읽고 쓰기는… 참 어려워….
그래도… 포기하지 않겠어!

2~3점
어라? 그래도 난 동물이 정말 좋아~!
제일 중요한 건 좋아하는 마음이야!

0~1점
이럴 수가?! 제이크가 나보다
점수가 좋다니… 으, 분해!

일본 시리즈 누계 120만부 돌파!!
초베스트 과학도감 학습만화!!

최강 동물들의 박진감 넘치는 배틀! 제11탄!!

검둥수리 VS 독수리!!

강력한 힘과 스피드가 무기인 검둥수리 군단과 몸집이 크고 공격적인 독수리 군단의 승부!! 흥미진진한 만화와 함께 동물들의 백과사전으로 보는 상세한 정보까지 가득!!

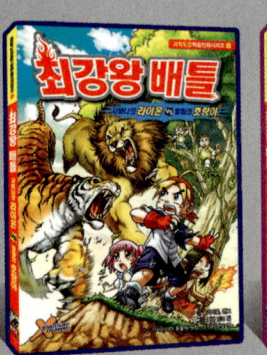    

1권 라이온 VS 호랑이 **2권** 고릴라 VS 곰 **3권** 상어 VS 황새치 **4권** 코끼리 VS 코뿔소 **5권** 뱀 VS 악어

   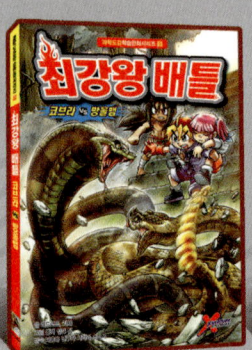 

6권 장수풍뎅이 VS 사슴벌레 **7권** 고래 VS 대왕오징어 **8권** 늑대 VS 하이에나 **9권** 코브라 VS 방울뱀 **10권** 사마귀 VS 전갈

머리에 쏙쏙~ 과학이 즐거워진다!! 과학학습만화 시리즈!

고대 지구로 타임 워프?! 전혀 본 적 없는 생물들 그리고 공룡을 만나자!!

공룡과학 학습만화

공룡 킹덤 1~3

지구가 처음 생겼을 때는
어떤 생물들이 살고 있었을까?
타임머신을 타고 삼엽충과
카메로케라스 등이 있는
고생대를 대모험해 보자!!

© 2011 KADOKAWA GEMPAK STARZ

신기한 수수께끼가 가득한 공상과학학교에 어서 오세요!

초등 과학만화 시리즈

공상과학연구소 1~4

과학 소년 강태오가
과학을 초월한
엉뚱한 개성을 가진 친구들과
좌충우돌
학교생활을 시작한다!

절찬 판매 중!

© KADOKAWA CORPORATION 2017, 2018

(주) 학산문화사 발행 ※가까운 서점 및 마트, 인터넷 서점에 있습니다. ※문의: 02)828-8962

2023년 5월 15일 초판 인쇄
2023년 5월 25일 초판 발행

■글/ 레드코드, 리세
■그림/ 블랙 잉크 팀
■감수/ 동물학자 이마이즈미 타다아키

■발행인/ 정동훈
■편집인/ 여영아
■편집/ 김지현, 김학림, 김상범, 변지현
■미술/ 김지수
■해외사업본부/ 최재호, 허은솔, 김종진, 강수진, 김채은, 한주원, 양하영
■제작/ 김종훈
■발행처/ (주)학산문화사
■등록/ 1995년 7월 1일 제3-632호
■주소/ 서울특별시 동작구 상도로 282
■전화/ (편집)828-8826, 8871 (주문)02-828-8962
■팩스/ 823-5109
http://www.haksanpub.co.kr

IBNS 979-11-411-0445-0
ISBN 979-11-256-9921-7(세트)

DOTCHI GA TSUYOI!? INUWASHI VS HAGEWASHI SORA NO SAIKYO OJA BATTLE
X-Venture Primal Power Series: On Wings Of War
Comic by : Black Ink Team Story by : Redcode/ Rise
©2013 KADOKAWA GEMPAK STARZ
First published in Japan in 2018 by KADOKAWA CORPORATION, Tokyo.
Korean translation rights arranged with KADOKAWA CORPORATION, Tokyo.

※이 책의 한국어판 저작권은 일본 KADOKAWA CORPORATION과의 독점계약으로 (주)학산문화사에 있습니다.
저작권법에 의해 한국 내에서 보호를 받는 저작물이므로 불법 복제와 스캔 등을 이용한 무단 전재 및 유포·공유시 법적 제재를 받게 됨을 알려 드립니다.